JN391020

2025년 04월 15일 1판 3쇄 **펴냄**
2023년 03월 25일 1판 1쇄 **펴냄**

펴낸곳 (주)효리원
펴낸이 윤종근
글 김건구 · **그린이** 홍보라
등록 1990년 12월 20일 · **번호** 2-1108
우편 번호 03147
주소 서울시 종로구 삼일대로 457, 406호
전화 02)3675-5222 · **팩스** 02)765-5222

ⓒ 2023, (주)효리원
잘못 만들어진 책은 구입하신 서점에서 바꾸어 드립니다.
ISBN 978-89-281-0743-8   74810

이메일 hyoreewon@hyoreewon.com
홈페이지 www.hyoreewon.com

저학년 교과서
맞춤법

김건구 글 홍보라 그림

머리말

글을 읽다가 상대방이 맞춤법을 틀리게 써서 내용을 이해하기 힘들었거나, 뜻을 오해한 적이 있나요? 또는 글을 쓰다가 어떤 표현이 바른 맞춤법인지 헷갈려서 골치 아팠던 적이 있나요?

글을 쓸 때 가장 기본이 되는 것이 맞춤법입니다. 아무리 글을 잘 썼다고 하더라도 맞춤법이 틀리면 상대에게 의미가 잘 전달되지 않습니다. 또한 글을 읽는 사람이 내용을 신뢰하지 않게도 됩니다. 그만큼 맞춤법은 우리 생활에서 무척 중요합니다.

맞춤법을 항상 맞게 쓰는 것이 쉬운 일은 아닙니다. 글을 쓸 때 따라야 하는 다양한 규칙도 존재하지만, 예외 사항도 있기 때문입니다. 따라서 맞춤법을 바르게 쓰기 위해서는 그만큼 신경을 써서 공부해야 합니다.

올바른 맞춤법을 익혀서 잘 활용한다면 상대에게 명확한

의미를 전달할 수 있으며, 글을 읽는 사람으로부터 신뢰를 받을 수 있습니다. 또한 사람들 앞에서 자료를 발표하는 상황이거나 공식적인 글쓰기가 필요할 때, 자신 있게 자신의 생각을 표현할 수 있지요.

이 책은 저학년들이 흥미를 갖고 올바른 맞춤법에 대해 알아볼 수 있도록 도와줄 것입니다. 구성의 특징은 다음과 같습니다.

먼저 낱말의 뜻과 맞춤법에 대해 알 수 있도록 쉽게 설명을 했습니다. 그리고 예시 문장을 활용한 OX 퀴즈를 통해 배운 내용을 스스로 점검할 수 있도록 했습니다. 그리고 나서 재미있는 만화를 통해 올바른 맞춤법 사용을 몸에 익히도록 했습니다.

아무쪼록 쉽고 재밌는 이 책이 여러분들의 맞춤법 공부에 큰 도움이 되길 바랍니다.

글쓴이 김건구

차례

맞는 말 틀린 말

가려고 vs 갈려고 …… 10	안쓰럽다 vs 안스럽다 …… 48
갈께 vs 갈게 …… 12	역활 vs 역할 …… 50
갯수 vs 개수 …… 14	오랫만 vs 오랜만 …… 52
겨우내 vs 겨울내 …… 16	왠지 vs 웬지 …… 54
곰곰이 vs 곰곰히 …… 18	요세 vs 요새 …… 56
깍다 vs 깎다 …… 20	으시시 vs 으스스 …… 58
남녀 vs 남여 …… 22	자투리 vs 짜투리 …… 60
눈꼽 vs 눈곱 …… 24	짓궂다 vs 짖궂다 …… 62
돌멩이 vs 돌맹이 …… 26	쩨쩨하다 vs 째째하다 …… 64
몇 일 vs 며칠 …… 28	찌게 vs 찌개 …… 66
무릎쓰다 vs 무릅쓰다 …… 30	창피 vs 챙피 …… 68
바람 vs 바램 …… 32	책꽂이 vs 책꽃이 …… 70
방귀 vs 방구 …… 34	치르다 vs 치루다 …… 72
배개 vs 베개 …… 36	통채 vs 통째 …… 74
빨간색 vs 빨강색 …… 38	트림 vs 트름 …… 76
설거지 vs 설겆이 …… 40	핑개 vs 핑계 …… 78
수수께끼 vs 수수깨끼 …… 42	하마터면 vs 하마트면 …… 80
쑥쓰럽다 vs 쑥스럽다 …… 44	*맞춤법 실력 다지기* …… 82
맞춤법 실력 다지기 …… 46	

뜻이 서로 다른 말

가르치다 vs 가리키다 …… 86
낫다 vs 낳다 …… 88
넘어 vs 너머 …… 90
늘이다 vs 늘리다 …… 92
다르다 vs 틀리다 …… 94
다치다 vs 닫히다 …… 96
대 vs 데 …… 98
대개 vs 대게 …… 100
던지 vs 든지 …… 102
되 vs 돼 …… 104
드러내다 vs 들어내다 …… 106
띄다 vs 띠다 …… 108
로서 vs 로써 …… 110
맞추다 vs 맞히다 …… 112
매다 vs 메다 …… 114
무치다 vs 묻히다 …… 116
바라다 vs 바래다 …… 118
맞춤법 실력 다지기 …… 120

바치다 vs 받치다 …… 122
반드시 vs 반듯이 …… 124
배다 vs 베다 …… 126
벌이다 vs 벌리다 …… 128
붙이다 vs 부치다 …… 130
비치다 vs 비추다 …… 132
빗다 vs 빚다 …… 134
어떻게 vs 어떡해 …… 136
예요 vs 이에요 …… 138
잃다 vs 잊다 …… 140
이따가 vs 있다가 …… 142
작다 vs 적다 …… 144
쟁이 vs 장이 …… 146
저리다 vs 절이다 …… 148
조리다 vs 졸이다 …… 150
짓다 vs 짖다 …… 152
채 vs 체 …… 154
켜다 vs 키다 …… 156
맞춤법 실력 다지기 …… 158

맞는 말

가려고 vs 갈려고
갈께 vs 갈게
갯수 vs 개수
겨우내 vs 겨울내
곰곰이 vs 곰곰히
깍다 vs 깎다
남녀 vs 남여
눈꼽 vs 눈곱
돌멩이 vs 돌맹이
몇 일 vs 며칠

틀린 말

무릎쓰다 vs 무릅쓰다
바람 vs 바램
방귀 vs 방구
배개 vs 베개
빨간색 vs 빨강색
설거지 vs 설겆이
수수께끼 vs 수수깨끼
쑥쓰럽다 vs 쑥스럽다
안쓰럽다 vs 안스럽다
역활 vs 역할

오랫만 vs 오랜만
왠지 vs 웬지
요세 vs 요새
으시시 vs 으스스
자투리 vs 짜투리
짓궂다 vs 짖궂다
쩨쩨하다 vs 째째하다
찌게 vs 찌개
창피 vs 챙피
책꽂이 vs 책꽃이

치르다 vs 치루다
통채 vs 통째
트림 vs 트름
핑개 vs 핑계
하마터면 vs 하마트면

가려고 vs 갈려고

'**가려고**'가 맞는 말이고, '**갈려고**'는 틀린 말입니다.

'가려고'는 '가다'와 '-려고'가 합쳐진 말입니다.

'-려고'는 '어떤 행동을 할 의도를 가지고 있다'는 뜻인데, 다른 말 뒤에 붙는 말입니다.

'-려고'와 합쳐지는 말인 '가다'에 'ㄹ' 받침이 없기 때문에 '가려고'가 맞는 말입니다. 하지만 '살다'처럼 'ㄹ' 받침이 있는 말이 '-려고'와 합쳐지면 '살려고'가 된답니다.

- 버스를 타고 <u>가려고</u> 기다리는 중입니다.

맞춤법 퀴즈

※ 글을 잘 읽고 맞는 곳에는 O, 틀린 곳에는 X를 하세요.

· 수업이 끝났으니 이제 집에 가려고요. (   )
· 축구 경기가 끝나면 학원에 갈려고요. (   )

갈께 vs 갈게

'갈께'는 틀린 말이고, '갈게'가 맞는 말입니다.

어떤 행동을 할 것이라고 표현하는 말 끝에 '게'를 쓰는 경우가 있습니다. 이때 '게'가 [께]로 들리지만, 글로 적을 때는 '게'로 써야 합니다. '줄게', '할게', '잘게', '볼게' 등의 끝말도 모두 마찬가지입니다. '-게' 뒤에 '요'가 붙어서 '갈게요'가 되었을 때도 역시 '게'로 써야 합니다.

- 지금부터 숙제 할게. 그러고 나서 놀이터에 갈게.
- 엄마, 올해에는 열심히 운동할게요. 약속할게요.

맞춤법 퀴즈

※ 글을 잘 읽고 맞는 곳에는 O, 틀린 곳에는 X를 하세요.

- 친구들이랑 조금만 더 놀고 갈께. (   )
- 밤이 늦었지만, 이 책을 마저 다 보고 잘게. (   )

갯수 vs 개수

'갯수'는 틀린 말이고, '개수'가 맞는 말입니다.

한 개씩 셀 수 있는 물건의 낱낱의 수를 '개수'라고 합니다. 소리 내어 읽을 때 [개쑤]로 들리기 때문에 '갯수'로 잘못 적는 경우가 있지요.

개수는 한자어인데, 일반적으로 한자어와 한자어 사이에는 'ㅅ' 받침을 넣지 않습니다. 오직, '곳간, 셋방, 숫자, 찻간, 뒷간, 횟수' 등의 말에만 'ㅅ' 받침을 넣는답니다.

- 곳간에 사과가 몇 개 있는지 개수를 세어 보아라.

맞춤법 퀴즈

※ 글을 잘 읽고 맞는 곳에는 O, 틀린 곳에는 X를 하세요.

- 장난감 갯수를 세어 보겠습니다. (   )
- 사탕 개수가 더 많은 바구니를 골라 보세요. (   )

겨우내 vs 겨울내

'겨우내'가 맞는 말이고, '겨울내'는 틀린 말입니다.

'겨우내'는 '겨울'과 '내'가 합쳐진 말입니다. '내'는 '계속해서'라는 뜻을 갖고 있어요. 그래서 '겨우내'는 '한겨울 동안 계속해서'라는 의미입니다.

낱말을 합칠 때 앞글자에 받침 'ㄹ'이 있고, 뒷글자에 'ㄴ'이 있으면 'ㄹ'을 지워 버리는 규칙이 있어요. 그래서 '겨울내'가 '겨우내'가 된 것이랍니다.

- 와, 봄이다. 겨우내 입은 두꺼운 외투를 벗자!

맞춤법 퀴즈

※ 글을 잘 읽고 맞는 곳에는 O, 틀린 곳에는 X를 하세요.

- 겨우내 꽁꽁 얼었던 강이 녹았습니다. (   )
- 밖이 추워서 겨울내 집에만 있었습니다. (   )

곰곰이 vs 곰곰히

'곰곰이'가 맞는 말이고, '곰곰히'는 틀린 말입니다.

'-이'와 '-히' 자리에 '하다'를 바꾸어 넣었을 때 어울리면 '-히'로 쓰고, 어울리지 않으면 '-이'로 씁니다.

예를 들어 '솔직히', '꼼꼼히'는 '-히' 부분을 '-하다'로 바꾸어 쓸 수 있습니다. 반면에 '곰곰이'는 '-이' 부분을 '-하다'로 바꾸면 어울리지 않습니다.

예외로 'ㅅ'이나 'ㄱ' 받침으로 끝나는 말 다음에는 '이'를 씁니다. '깨끗이', '더욱이', '깊숙이'처럼 말이지요.

맞춤법 퀴즈

※ 글을 잘 읽고 맞는 곳에는 O, 틀린 곳에는 X를 하세요.

· 부모님 말씀을 곰곰이 생각해 보았습니다.(   )
· 명언을 곰곰히 되새겨 보았습니다. (   )

깍다 vs 깎다

'깍다'는 틀린 말이고, '깎다'가 맞는 말입니다.

'깎다'는 '날카로운 것으로 물건의 표면을 얇게 벗겨 내다', '풀이나 털을 자르다', '금액을 낮추다' 등의 뜻이 있습니다.

'깎다'가 [깍따]로 들려서 '깍다'로 잘못 쓰는 경우가 있는데, 반드시 'ㄲ' 받침인 '깎다'로 써야 합니다.

- 연필 좀 깎아서 글씨를 써라.
- 엄마는 시장에서 생선값을 깎았어요.

맞춤법 퀴즈

※ 글을 잘 읽고 맞는 곳에는 O, 틀린 곳에는 X를 하세요.

- 빵 가격을 이천 원이나 깍았습니다. (   )
- 미용실에 가서 머리를 짧게 깎았습니다. (   )

남녀 vs 남여

'**남녀**'가 맞는 말이고, '**남여**'는 틀린 말입니다.

'남녀'에서 '남'은 남자를 뜻하는 한자어, '녀'는 여자를 뜻하는 한자어로, 남자와 여자를 아우르는 말입니다.

우리말에서 '녀'가 낱말의 첫머리에 올 때는 '여'로 바꾸어서 씁니다. '여성', '여자'처럼 말이지요.

하지만 '남녀'에서처럼 '녀'가 낱말의 뒷부분에 올 때는 '여'로 바꾸지 않고 그대로 '녀'로 쓴답니다.

· 많은 여성들이 <u>남녀</u> 평등을 외치며 거리로 나왔어요.

맞춤법 퀴즈

※ 글을 잘 읽고 맞는 곳에는 O, 틀린 곳에는 X를 하세요.

· 우리 형은 남녀 공학 중학교에 다녀요. (　　)
· 이 옷은 남여 구분이 없는 옷이에요. (　　)

눈꼽 vs 눈곱

'눈꼽'은 틀린 말이고, '눈곱'은 맞는 말입니다.

'눈곱'은 '눈에서 나오는 진득진득한 액 또는 그것이 말라붙은 것'을 뜻합니다.

'눈곱'은 '눈'과 '곱'이 합쳐진 말로, '곱'은 부스럼이나 고름 모양의 물질을 뜻하는 순우리말입니다.

그러므로 '눈곱'이 [눈꼽]으로 소리 나더라도 적을 때는 각각의 형태를 밝혀서 적어야 합니다.

- 늦잠을 자는 바람에 눈곱도 떼지 않고 학교에 갔어요.

맞춤법 퀴즈

※ 글을 잘 읽고 맞는 곳에는 O, 틀린 곳에는 X를 하세요.

- 눈꼽이 낀 것을 확인하고 세수를 했습니다. (   )
- 눈곱도 떼지 않고 아침밥을 먹었습니다. (   )

돌멩이 vs 돌맹이

'돌멩이'가 맞는 말이고, '돌맹이'는 틀린 말입니다.

'돌멩이'는 돌덩이보다는 작고 자갈보다는 큰 돌을 말합니다.

사람들이 'ㅐ'와 'ㅔ'의 발음을 뚜렷이 구분할 수 없어서 '돌맹이'로 잘못 쓰는 경우가 있습니다. 돌멩이를 쓸 때는 '맹'이 아닌 '멩'으로 써야 합니다.

- 길에서 예쁜 돌멩이를 주웠습니다.
- 누군가 유리창에 돌멩이를 던졌습니다.

맞춤법 퀴즈

※ 글을 잘 읽고 맞는 곳에는 O, 틀린 곳에는 X를 하세요.
- 신기하게 생긴 돌멩이를 주웠습니다. (   )
- 해변에 있는 돌맹이를 가져가면 안 됩니다. (   )

몇 일 vs 며칠

'**몇 일**'은 틀린 말이고, '**며칠**'이 맞는 말입니다.

'며칠'은 '그달의 몇째 되는 날'이라는 뜻을 갖고 있습니다. '몇'과 '일'이 합쳐진 말이라고 착각하기 쉬운데 그렇지 않습니다. 만약 그렇게 만들어졌다면 [면닐]로 소리가 나야겠지요. '며칠'은 고유의 뜻을 가지고 있는 낱말이기 때문에 소리 나는 그대로 써야 합니다.

- 넌 생일이 몇 월 며칠이니?
- 동생은 며칠 동안 병원에 입원했어요.

맞춤법 퀴즈

※ 글을 잘 읽고 맞는 곳에는 O, 틀린 곳에는 X를 하세요.

- 몇 일 동안 잠을 제대로 자지 못했습니다. (   )
- 며칠 동안 짐을 맡아 줄 사람을 찾고 있습니다. (   )

정답 : 몇 일 (X) / 며칠 (O)

무릎쓰다 vs 무릅쓰다

'무릎쓰다'는 틀린 말이고, '무릅쓰다'가 맞는 말입니다. '무릅쓰다'는 '참고 견디다'라는 뜻입니다.

'무릎'은 다리에 있는 한 부위를 뜻합니다. 따라서 '무릎쓰다'라고 하면 '무릅쓰다'와 전혀 다른 뜻이 됩니다. 그렇기 때문에 우리말 맞춤법을 잘 배워서 바르게 써야 합니다.

- 유관순은 죽음을 무릅쓰고 만세를 불렀어요.
- 나는 비바람을 무릅쓰고 밖으로 나갔어요.

맞춤법 퀴즈

※ 글을 잘 읽고 맞는 곳에는 O, 틀린 곳에는 X를 하세요.

- 강아지를 구하기 위해 위험을 무릎쓰다니……. (   )
- 친구를 돕기 위해 고난을 무릅쓰다니……. (   )

바람 vs 바램

'**바람**'이 맞는 말이고, '**바램**'은 틀린 말입니다.

'바람'은 '어떤 일이 이루어지기를 바라는 간절한 마음'을 뜻합니다.

'바람'은 '바라다'가 으뜸꼴(기본형)입니다. 그래서 '바라', '바라니' 등으로는 활용이 되어도 '바램'으로는 활용이 되지 않는답니다.

- 내 <u>바람</u>은 생일 선물로 게임기를 받는 것입니다.
- 우리 모두의 <u>바람</u>대로 코로나가 종식되었어요.

맞춤법 퀴즈

※ 글을 잘 읽고 맞는 곳에는 O, 틀린 곳에는 X를 하세요.

- 내 바람은 우리 모두 행복한 삶을 사는 거야. (   )
- 우리의 바람은 피구 대회에서 우승하는 거야. (   )

방귀 vs 방구

'**방귀**'가 맞는 말이고, '**방구**'는 틀린 말입니다.

'방귀'는 '음식물이 배 속에서 소화되는 과정에서 생긴 가스가 항문으로 나오는 것'을 말합니다.

흔히 '방귀'를 '방구'라고 하는 것은 '방귀'보다는 '방구'가 발음하기 쉽기 때문입니다. 하지만 표준어는 '방귀'이니 꼭 '방귀'라고 해야 합니다.

- 앗, 누구야? 누가 방귀 뀐 거야!
- 뿅, 방귀 소리가 나자 아이들이 웃음을 터뜨렸어요.

맞춤법 퀴즈

※ 글을 잘 읽고 맞는 곳에는 O, 틀린 곳에는 X를 하세요.

- 방귀 냄새가 나서 코를 막았습니다. (   )
- 짝이 방구를 뀌었지만 모르는 체했습니다. (   )

정답 : 방귀 (O) / 방구를 (X)

배개 vs 베개

'**배개**'는 틀린 말이고, '**베개**'가 맞는 말입니다.

'베개'는 '잠을 자거나 누울 때 머리를 받치는 물건'을 뜻합니다. 머리 아래에 무언가를 받친다는 뜻을 가진 '베다'라는 말의 앞 글자 '베'와 사물을 뜻하는 '개'를 합친 말입니다.

'베개', '배게'는 발음이 비슷하게 들리기 때문에 맞춤법을 틀리는 경우가 많습니다. 주의하세요!

· 얘야, 베개 좀 가져오렴!

맞춤법 퀴즈

※ 글을 잘 읽고 맞는 곳에는 O, 틀린 곳에는 X를 하세요.

· 새 배개를 침대 위에 두었습니다. (   )
· 베개가 푹신해서 잠이 잘 옵니다. (   )

빨간색 vs 빨강색

'**빨간색**'이 맞는 말이고, '**빨강색**'은 틀린 말입니다.

'빨강', '검정', '하양', '노랑', '파랑' 등의 낱말들은 그 자체만으로도 색깔을 나타냅니다. 그래서 색깔을 나타내는 말에 '색'이 붙으면 의미가 중복되므로 붙이지 않습니다. 따라서 '빨강색'이라고 하면 안 되고, '빨간색'이라고 해야 합니다. '-색'을 붙이지 않은 경우는 '빨강'이라고 해야 합니다.

• 나는 빨간색으로 칠할게. 너는 노란색으로 칠하렴!

맞춤법 퀴즈

※ 글을 잘 읽고 맞는 곳에는 O, 틀린 곳에는 X를 하세요.

· 잘 익은 사과의 껍질은 빨간색입니다. (   )
· 도화지를 빨강색으로 잔뜩 칠했습니다. (   )

설거지 vs 설겆이

'설거지'가 맞는 말이고, '설겆이'는 틀린 말입니다.

'설거지'는 '음식을 먹고 난 뒤에 그릇을 씻어 정리하는 일'을 말합니다.

예전에 같은 뜻을 가진 말로 '설겆다'라는 말이 있었습니다. 하지만 사람들이 자주 사용하지 않아서 사라지고 말았지요. 이와 함께 '설겆이'라는 말도 사라졌습니다.

- 엄마, 오늘은 제가 설거지를 할게요!
- 요리는 엄마가 하고, 설거지는 아빠가 했어요.

맞춤법 퀴즈

※ 글을 잘 읽고 맞는 곳에는 O, 틀린 곳에는 X를 하세요.

- 밥을 먹은 뒤 설거지를 했습니다. (   )
- 설겆이를 하다가 그릇을 깨트렸습니다. (   )

수수께끼 vs 수수깨끼

'**수수께끼**'가 맞는 말이고, '**수수깨끼**'는 틀린 말입니다.

'수수께끼'는 '어떤 사물을 빗대어 말하여 알아맞히는 놀이'입니다.

'께'와 '깨' 발음이 비슷해서 잘못 쓰는 경우가 있습니다. 이 놀이의 원래 이름이 '수수께끼'이기 때문에 '깨'로 쓰지 않도록 조심해야 합니다.

- 서점에서 수수께끼 책을 한 권 샀어요.
- 친구와 수수께끼 놀이를 했어요.

맞춤법 퀴즈

※ 글을 잘 읽고 맞는 곳에는 O, 틀린 곳에는 X를 하세요.

- 우리는 쉬는 시간에 수수께끼 놀이를 했습니다. (   )
- 수수깨끼를 통해 배운 내용을 정리했습니다. (   )

쑥쓰럽다 vs 쑥스럽다

'쑥쓰럽다'는 틀린 말이고, '쑥스럽다'가 맞는 말입니다.

'쑥스럽다'는 '하는 행동이 자연스럽지 못하고 부끄럽거나 어색한 것'을 뜻합니다.

'쑥스럽다'가 [쑥쓰럽따]로 발음되기 때문에 '쑥쓰럽다'로 잘못 쓰는 경우가 있습니다. 헷갈리지 말고 '쑥스럽다'로 바르게 써야 합니다.

· 친구에게 먼저 사과를 하려니 쑥스러웠어요.
· 이렇게 칭찬을 해 주시니 오히려 쑥스럽네요.

맞춤법 퀴즈

※ 글을 잘 읽고 맞는 곳에는 O, 틀린 곳에는 X를 하세요.

· 많은 사람들 앞에서 발표하는 것이 쑥쓰럽네요. (   )
· 좋아하는 친구에게 고백을 하려니 쑥스럽구나. (   )

맞춤법 실력 다지기

1. 글을 잘 읽고 바른 맞춤법 표현에 ○를 하세요.

   ① (겨우내 / 겨울내) 겨울잠을 잤어요.
   ② 연필을 날카롭게 (깎아요 / 깍아요).
   ③ 눈에 (눈꼽 / 눈곱)이 껴 있어요.
   ④ (몇 일 / 며칠) 동안 잠을 못 잤어요.
   ⑤ 푹신한 (배개 / 베개)를 베고 잤어요.

2. 글을 읽고 밑줄 친 부분 중 틀린 부분을 3개 골라 바르게 고쳐 써 보세요.

   "뿌아앙! 뿡!"
   민지는 동현이의 방구 소리에 화들짝 놀랐어요.
   "소리가 엄청 크다. 쑥스럽겠지만 병원에 좀 가 봐."
   "창피함을 무릎쓰고 가려고 했는데 안 가려고. 곰곰히 생각해 보니까 우리 아빠 방귀 소리는 나보다 더 크거든."

   ① (   ) → (   )

   ② (   ) → (   )

   ③ (   ) → (   )

맞춤법을 다시 한 번 복습해 보세요.

3. 뜻풀이와 어울리는 낱말을 찾아 선으로 이어 보세요.

① 한 개씩 낱으로 셀 수 있는 물건의 수효

② 돌덩이보다 작은 돌

③ 먹고 난 뒤의 그릇을 씻어 정리하는 일

• 갯수
• 개수
• 돌멩이
• 돌맹이
• 설거지
• 설겆이

4. 맞춤법이 맞는 문장에는 ○, 틀린 문장에는 ×를 하세요.

① 이곳은 남녀 공용 화장실밖에 없습니다. (　　)

② 신호등이 빨강색 신호로 바뀌면 건너지 마세요. (　　)

③ 친구와 함께 수수께끼 놀이를 했습니다. (　　)

 정답

1. ①가운데 ②얼어붙고 ③곳곳 ④마침 ⑤배게 →베개 ⑥아무리 →아물이 →아물이 ⑦뜯플이 →뜻풀이 ⑧생긴이 →생긴이
2. ①유가 →유가 ②동물이 ③뒷가지 4. ①○ ②× ③× 3. ①개수 ②돌멩이 ③설거지

안쓰럽다 vs 안스럽다

'**안쓰럽다**'가 맞는 말이고, '**안스럽다**'는 틀린 말입니다.

'안쓰럽다'는 '자신보다 나이가 어리거나 약자인 사람의 형편이 가여울 때' 쓰는 표현입니다.

'안쓰럽다'는 '쑥스럽다'와 다르게 '스'가 아닌 '쓰'로 발음 나는 대로 써야 합니다.

- 감기에 걸린 친구를 보니 안쓰러운 생각이 들었어요.
- 안쓰러운 마음에 강아지를 꼭 안았어요.

맞춤법 퀴즈

※ 글을 잘 읽고 맞는 곳에는 O, 틀린 곳에는 X를 하세요.

- 말썽을 피워 아빠에게 혼나는 동생이 안쓰러워요. (   )
- 배고파서 우는 아기가 안스러워요. (   )

역활 vs 역할

'**역활**'은 틀린 말이고, '**역할**'은 맞는 말입니다.

'역할'은 한자어입니다. '역'은 '일하다'라는 뜻이고, '할'은 '나누다'라는 뜻으로, '자기가 마땅히 하여야 할 맡은 바 직책이나 임무'를 뜻합니다.

'분할', '할인' 등에 쓰는 한자어 '할'과 '생활', '활기' 등에 쓰는 한자어 '활'을 헷갈리면 안 됩니다.

- 나는 우리 집에서 딸이면서 아들 역할까지 하고 있어요.
- 시민들이 도둑을 잡는 데 큰 역할을 하였습니다.

맞춤법 퀴즈

※ 글을 잘 읽고 맞는 곳에는 O, 틀린 곳에는 X를 하세요.

- 이번 연극에서 제 역활은 경찰관이에요. (   )
- 내 역할이 무엇인지 잘 모르겠습니다. (   )

정답: 역활은 (X) / 역할이 (O)

오랫만 vs 오랜만

'오랫만'은 틀린 말이고, '오랜만'은 맞는 말입니다.

'오랜만'은 원래 '오래간만'을 줄인 말입니다.

'오래간만'에서 '가'가 없어지고 'ㄴ' 받침이 남아서 '오래'와 합쳐진 것이지요. 뜻은 '어떤 일이 발생한 때로부터 긴 시간이 지난 뒤'를 뜻합니다.

참고로 시간상으로 썩 긴 동안을 뜻하는 '오랫동안'은 '래' 자에 'ㅅ' 받침을 써야 합니다.

- 시골쥐는 아주 오랜만에 서울쥐를 만났습니다.

맞춤법 퀴즈

※ 글을 잘 읽고 맞는 곳에는 O, 틀린 곳에는 X를 하세요.

- 오랫만에 운동을 하니 상쾌했습니다. (　　)
- 전학 갔던 친구를 오랜만에 만났습니다. (　　)

왠지 vs 웬지

'왠지'가 맞는 말이고, '웬지'는 틀린 말입니다.

'왠지'는 '왜인지'가 준말로 '왜 그런지 모르게', '무슨 까닭인지'라는 뜻을 갖고 있습니다.

'왠'은 혼자 쓸 수 없기 때문에 뒤에 '지'가 붙습니다. 반면에 '웬'은 혼자서 '어찌 된', '어떠한'이라는 뜻을 갖기 때문에 뒤에 '지'가 붙지 않습니다.

'왠지' 외에는 모두 '웬'이라고 기억하면 됩니다.

- 먹구름이 몰려드는 게 왠지 비가 올 것 같아요.

맞춤법 퀴즈

※ 글을 잘 읽고 맞는 곳에는 O, 틀린 곳에는 X를 하세요.

- 오늘따라 왠지 기분이 좋아요. (　　)
- 비 내리는 날에는 웬지 누군가 올 것만 같아요. (　　)

요세 vs 요새

'**요세**'는 틀린 말이고, '**요새**'가 맞는 말입니다.

'요새'는 '요사이'의 '사이'가 '새'로 준말입니다. 뜻은 '이제까지의 매우 짧은 동안'이라는 뜻입니다.

비슷한 형태의 말로 '고사이'가 있습니다. 뜻은 '조금 멀어진 어느 때부터 다른 어느 때까지의 매우 짧은 동안'을 뜻합니다. 준말은 '고새'입니다.

- 요새는 동생과 싸우지 않고 잘 지내요.
- 어머나, 고새를 못 참고 놀러 나갔네?

맞춤법 퀴즈

※ 글을 잘 읽고 맞는 곳에는 O, 틀린 곳에는 X를 하세요.

- 요세 유행하는 만화를 보았습니다. (　　)
- 요새 숙제가 너무 많아서 힘듭니다. (　　)

어떤 말이 맞을까요?

으시시 vs 으스스

'으시시'는 틀린 말이고, '으스스'가 맞는 말입니다.

'으스스'는 '차거나 싫은 것이 몸에 닿았을 때 크게 소름이 돋는 모양'을 뜻합니다.

우리나라에서는 비슷한 발음의 형태가 사용될 때 의미에 큰 차이가 없다면 가장 널리 쓰이는 낱말을 표준어로 삼습니다. 그래서 '으스스'를 표준어로 지정하였고, '으시시'는 비표준어 또는 북한어로 구분하고 있습니다.

- 귀신 이야기를 들으니 온몸이 으스스 떨려요.

맞춤법 퀴즈

※ 글을 잘 읽고 맞는 곳에는 O, 틀린 곳에는 X를 하세요.

- 어두운 골목길을 혼자 걸으니 으시시하다. (　　)
- 비에 젖으니 온몸이 으스스하다. (　　)

자투리 vs 짜투리

'**자투리**'가 맞는 말이고, '**짜투리**'는 틀린 말입니다.

옛날에 옷감을 팔 때 자로 재서 팔았는데, 남은 천 조각을 '자투리'라고 불렀습니다.

'자투리'에서 '자'는 길이를 측정하는 도구인 '자'이기 때문에 '짜투리'로 쓰지 않도록 주의해야 합니다. 천 조각뿐만 아니라 작거나 적은 조각을 뜻할 때도 '자투리'라고 합니다.

- 자투리 천으로 반바지를 만들었어요.

맞춤법 퀴즈

※ 글을 잘 읽고 맞는 곳에는 O, 틀린 곳에는 X를 하세요.

- 자투리 시간을 활용해서 책을 읽으세요. (   )
- 짜투리 종이를 모아서 미술 작품을 만들었어요. (   )

짓궂다 vs 짖궂다

'짓궂다'가 맞는 말이고, '짖궂다'는 틀린 말입니다.

'짓궂다'는 '짓'과 '궂다'가 합쳐진 말입니다.

'짓'은 '함부로', '몹시', '마구', '심한'이라는 뜻이고, '궂다'는 '언짢고 나쁘다'는 뜻입니다. 이 두 낱말이 합쳐져서 '장난스럽게 남을 괴롭고 귀찮게 하여 달갑지 않다'는 뜻을 가집니다.

'짓궂다'에서 '짓'의 받침이 'ㅅ'임을 잊지 마세요.

· 짓궂은 짝꿍 때문에 오늘도 기분이 별로예요.

맞춤법 퀴즈

※ 글을 잘 읽고 맞는 곳에는 O, 틀린 곳에는 X를 하세요.

· 그런 장난을 치다니, 정말 짓궂구나. (   )
· 우리 동생은 짖궂은 장난을 잘 쳐요. (   )

정답: 짓궂은 (O) / 짖궂은 (X)

쩨쩨하다 vs 째째하다

'쩨쩨하다'가 맞는 말이고, '째째하다'는 틀린 말입니다.

'쩨쩨하다'는 '사람이 인색하다', 또는 '너무 적거나 하찮아서 신통치 않다'는 뜻입니다.

보통 'ㅔ'와 'ㅐ' 발음을 구분하기 힘들어서 헷갈리는 경우가 많은데, 반드시 '쩨쩨하다'로 표기해야 합니다.

- 쩨쩨하다는 소리가 싫어서 한턱 냈어요.
- 나는 쩨쩨한 사람이 아니에요.

맞춤법 퀴즈

※ 글을 잘 읽고 맞는 곳에는 O, 틀린 곳에는 X를 하세요.

· 덤을 조금밖에 안 주다니, 정말 쩨쩨하구나. (   )
· 친구들에게 너무 치사하고 째째하게 굴지 마라. (   )

어떤 말이 맞을까요?

찌게 vs 찌개

'**찌게**'는 틀린 말이고, '**찌개**'가 맞는 말입니다.

'찌개'는 '뚝배기나 작은 냄비에 국물을 넣은 뒤 고기, 채소 등을 넣고 끓인 반찬'을 뜻합니다. 대표적으로 김치찌개와 된장찌개가 있지요.

'찌개'의 '개' 자에 들어가는 모음은 'ㅐ'입니다. 'ㅔ'와 'ㅐ'를 헷갈리지 않도록 주의하세요.

- 엄마가 끓인 된장찌개는 정말 맛있어요.
- 너는 어떤 찌개를 좋아하니?

맞춤법 퀴즈

※ 글을 잘 읽고 맞는 곳에는 O, 틀린 곳에는 X를 하세요.

- 김치찌게를 주문했습니다. (　　)
- 된장찌개에 밥을 비벼 먹었습니다. (　　)

어떤 말이 맞을까요?

창피 vs 챙피

'**창피**'가 맞는 말이고, '**챙피**'는 틀린 말입니다.

'창피'는 '체면이 깎이는 일이나 아니꼬운 일을 당함, 또는 그에 대한 부끄러움'을 뜻합니다.

살다 보면 누구나 창피한 일을 당할 수 있습니다. 건들건들 길을 걷다 넘어지면 창피하고, 수업 시간에 갑자기 방귀를 뀌면 창피하지요. 하지만 더 큰 창피는 '창피'를 '챙피'라고 할 때입니다.

· 창피를 무릅쓰고 사람들 앞에서 노래를 불렀습니다.

맞춤법 퀴즈

※ 글을 잘 읽고 맞는 곳에는 O, 틀린 곳에는 X를 하세요.

· 사람들 앞에서 넘어지는 바람에 창피했습니다. (   )
· 챙피하지 않도록 발표 준비를 열심히 했습니다. (   )

책꽂이 vs 책꽂이

'책꽂이'는 틀린 말이고, '책꽂이'가 맞는 말입니다.

'책꽂이'는 '책을 세워서 꽂아 두는 물건'입니다. '책', '꽂다', '이'가 합쳐져서 생긴 말이지요.

이중 '꽂다'는 '쓰러지거나 빠지지 않게 박아 세우거나 끼운다'는 뜻의 말입니다. 그래서 '책꽂이'의 '꽂' 자는 반드시 'ㅈ' 받침을 써야 합니다.

- 학교 도서관의 <u>책꽂이</u>에서 책을 꺼냈어요.
- <u>책꽂이</u>에는 동화책이 빽빽이 꽂혀 있어요.

맞춤법 퀴즈

※ 글을 잘 읽고 맞는 곳에는 O, 틀린 곳에는 X를 하세요.

- 도서관 <u>책꽂이에</u> 책이 가득 꽂혀 있습니다. (   )
- <u>책꽂이에서</u> 오래된 책을 찾았습니다. (   )

어떤 말이 맞을까요?

치르다 vs 치루다

'**치르다**'가 맞는 말이고, '**치루다**'는 틀린 말입니다.

'치르다'는 '주어야 할 돈을 내주다', '무슨 일을 겪어 내다'라는 뜻입니다.

'치루다'는 우리말에 없는 말이기 때문에 '치뤘다', '치뤄', '치루니' 등은 모두 틀린 표현입니다. 이들 말은 '치렀다', '치러', '치르니' 등으로 써야 합니다.

- 고모는 결혼식을 <u>치르고</u> 신혼여행을 떠났어요.
- 장발장은 밀린 빵값을 <u>치르고</u> 가게를 나섰어요.

맞춤법 퀴즈

※ 글을 잘 읽고 맞는 곳에는 O, 틀린 곳에는 X를 하세요.

- 6교시에 수학 시험을 치렀습니다. (   )
- 학교 도서관에서 독서 행사를 치루었습니다. (   )

통채 vs 통째

'통채'는 틀린 말이고, '통째'가 맞는 말입니다.

'통째'는 '나누지 않은 덩어리 전체'라는 뜻입니다. 여기에서 '-째'는 '그대로', '전부'라는 의미이기 때문에 '통채'가 아닌 '통째'가 맞는 말입니다.

- 오징어 한 마리를 통째로 넣어 삶았습니다.
- 뱀이 개구리를 통째로 삼켰습니다.

맞춤법 퀴즈

※ 글을 잘 읽고 맞는 곳에는 O, 틀린 곳에는 X를 하세요.

- 삼겹살을 통채로 구웠습니다. (   )
- 이 주스는 망고를 통째로 갈아 넣어서 만들었습니다. (   )

트림 vs 트름

'트림'이 맞는 말이고, '트름'은 틀린 말입니다.

'트림'은 '삼킨 음식이 위에서 잘 소화가 되지 않아서 생긴 가스가 입으로 복받쳐 나오는 것'입니다.

'트림'이 표준어이고, '트름'은 비표준어입니다.

- 사이다를 마시자마자 꺼어억 트림이 나왔어요.
- 밥을 급히 먹었더니 자꾸 트림이 나오네요.

맞춤법 퀴즈

※ 글을 잘 읽고 맞는 곳에는 O, 틀린 곳에는 X를 하세요.

- 탄산음료를 마셔서 자꾸 트림이 나와요. (   )
- 나도 모르게 트름을 하고 말았어요. (   )

정답: 트림이 (O) / 트름을 (X)

핑개 vs 핑계

'**핑개**'는 틀린 말이고, '**핑계**'가 맞는 말입니다.

'핑계'는 '어떤 일을 정당화하기 위하여 내세우는 구실, 잘못한 일에 대하여 돌려 말하는 구차한 변명'이라는 뜻입니다.

'핑개'와 '핑계'의 발음이 비슷하여 헷갈리는 경우가 있는데, '핑계'가 표준어임을 기억하세요.

- 아프다는 핑계로 학교에 가지 않았어요.
- 핑계만 대지 말고 지각한 진짜 이유를 말해 봐!

맞춤법 퀴즈

※ 글을 잘 읽고 맞는 곳에는 O, 틀린 곳에는 X를 하세요.

- 학원에 가기 싫어서 아프다고 핑개를 댔습니다. (   )
- 책 읽을 시간이 없다는 건 핑계입니다. (   )

하마터면 vs 하마트면

'**하마터면**'이 맞는 말이고, '**하마트면**'은 틀린 말입니다.

'하마터면'은 '조금만 잘못하였더라면'이라는 뜻으로, 위험한 상황을 겨우 벗어났을 때 쓰는 말입니다.

'하마터면'은 다른 말 앞에 놓여 그 뜻을 분명하게 해 주는 낱말이기 때문에 맞춤법 규정상 소리 나는 그대로 적어야 합니다.

- 조심해! <u>하마터면</u> 미끄러질 뻔했어!
- 목소리를 낮춰! <u>하마터면</u> 동생이 눈치를 챌 뻔했어.

맞춤법 퀴즈

※ 글을 잘 읽고 맞는 곳에는 O, 틀린 곳에는 X를 하세요.

- <u>하마터면</u> 차와 부딪쳐 사고가 날 뻔했습니다. (   )
- <u>하마트면</u> 깜박 잊고 준비물을 놓고 갈 뻔했습니다.(   )

맞춤법 실력 다지기

1. 글을 잘 읽고 바른 맞춤법 표현에 ○를 하세요.

   ① 이번 연극에서 내 (**역활** / **역할**)은 어린왕자입니다.
   ② (**오랫만** / **오랜만**)에 친구들을 만나서 놀았습니다.
   ③ (**자투리** / **짜투리**) 시간에 수수께끼 놀이를 했어요.
   ④ (**책꽂이** / **책꽃이**)에서 수학책을 찾았습니다.
   ⑤ 오징어를 (**통채** / **통째**)로 구웠습니다.

2. 글을 읽고 밑줄 친 부분 중 틀린 부분을 3개 골라 바르게 고쳐 써 보세요.

   > "어머, 이게 무슨 소리야? 너 트름했니?"
   > 유나는 준호가 내는 소리에 정색을 하며 물었어요.
   > "아니야. 까마귀 소리 흉내 낸 거야."
   > "챙피해서 까마귀 소리라고 핑계 대는 거 다 알아."
   > "아이참, 그냥 넘어가 주라. 너 참 째째하다."
   > "호호, 알았어. 짓궂게 놀리지 않을게."

   ① (   ) → (   )

   ② (   ) → (   )

   ③ (   ) → (   )

맞춤법을 다시 한 번 복습해 보세요.

3. 뜻풀이와 어울리는 낱말을 찾아 선으로 이어 보세요.

① 주어야 할 돈을 내주다, 무슨 일을 겪어 내다

② 차거나 싫은 것이 몸에 닿았을 때 크게 소름이 돋는 모양

③ 냄비에 고기, 채소 등을 넣고 양념을 하여 끓인 국물 반찬

· 치르다
· 치루다
· 으시시
· 으스스
· 찌게
· 찌개

4. 맞춤법이 맞는 문장에는 ○, 틀린 문장에는 ×를 하세요.

① 고생하는 친구의 모습을 보니 안스럽다. (   )

② 웬지 기분이 나쁘다. (   )

③ 하마터면 버스를 놓칠 뻔했다. (   )

정답

3. ①치르다 ②으스스 ③찌개 4. ①× ②× ③○
1. ①애월 ②으렴인 ③가든지 ④설겆이 ⑤돌째 2. ①트름→트림 ②장피→창피 ③째배하다→제배하다

뜻이 서로

가르치다 vs 가리키다
낫다 vs 낳다
넘어 vs 너머
늘이다 vs 늘리다
다르다 vs 틀리다
다치다 vs 닫히다
대 vs 데
대개 vs 대게
던지 vs 든지
되 vs 돼

다른 말

드러내다 vs 들어내다
띄다 vs 띠다
로서 vs 로써
맞추다 vs 맞히다
매다 vs 메다
무치다 vs 묻히다
바라다 vs 바래다
바치다 vs 받치다
반드시 vs 반듯이
배다 vs 베다

벌이다 vs 벌리다
붙이다 vs 부치다
비치다 vs 비추다
빗다 vs 빚다
어떻게 vs 어떡해
예요 vs 이에요
잃다 vs 잊다
이따가 vs 있다가
작다 vs 적다
쟁이 vs 장이

저리다 vs 절이다
조리다 vs 졸이다
짓다 vs 짖다
채 vs 체
켜다 vs 키다

가르치다 vs 가리키다

'**가르치다**'는 '정보, 지식, 기능 등 원래 모르던 것을 알게 해 주다'라는 뜻이에요.

'**가리키다**'는 '손가락 같은 것으로 대상이나 방향을 집어 보이는 것'을 뜻합니다.

두 낱말의 뜻이 완전히 다르므로 잘 구별해서 써야 합니다. 공부는 '가르치다', 방향은 '가리키다'입니다.

- 아빠가 곱셈을 <u>가르쳐</u> 주셨어요.
- 외국인에게 경복궁 가는 길을 손가락으로 <u>가리켰어요</u>.

맞춤법 퀴즈

※ 글을 잘 읽고 맞는 곳에는 O, 틀린 곳에는 X를 하세요.

- 선생님이 학생에게 공부를 가리켜요. (   )
- 동생이 새가 있는 곳을 손가락으로 가리켜요. (   )

정답: 가리켜줘 (X) → 가르쳐줘 / 가르켜줘 (O)

낫다 vs 낳다

'**낫다**'는 '병, 상처 등이 고쳐져서 원래 상태로 되돌아가다'라는 뜻입니다.

'**낳다**'는 '알, 새끼, 아이를 배 속에서 몸 밖으로 내놓는 것'을 뜻합니다.

아프다가 회복되는 것은 '낫다', 아이나 알이 태어나는 것은 '낳다'로 기억하면 됩니다.

- 감기가 <u>낫지</u> 않아서 병원에 다니고 있어요.
- 엄마가 귀여운 동생을 <u>낳았어요.</u>

맞춤법 퀴즈

※ 글을 잘 읽고 맞는 곳에는 O, 틀린 곳에는 X를 하세요.

- 우리 집 개는 새끼를 <u>낫고</u> 죽었어요. (   )
- 몸이 <u>낳는</u> 것 같더니 다시 아파요. (   )

넘어 vs 너머

'**넘어**'는 '높은 부분의 위를 지나가다'라는 뜻입니다.

'**너머**'는 '높이나 경계로 가로막은 사물의 저쪽, 뒤편 등의 공간'을 뜻합니다.

어딘가로 직접 움직여야 할 때는 '넘어'를, 움직이지 않고 가리키거나 볼 때는 '너머'를 쓴다고 보면 됩니다.

- 사람들이 무리를 지어 고개를 넘어갔어요.
- 창문 너머로 뛰어노는 아이들의 모습이 보여요.

맞춤법 퀴즈

※ 글을 잘 읽고 맞는 곳에는 O, 틀린 곳에는 X를 하세요.

- 옆 마을로 가려면 산을 넘어가야 해요. (   )
- 저 언덕 너머에는 아름다운 들판이 펼쳐져 있어요. (   )

늘이다 vs 늘리다

'늘이다'는 '원래보다 더 길어지게 하다'라는 뜻입니다.

'늘리다'는 '물체의 부피, 또는 넓이를 원래보다 더 커지게 하다'라는 뜻입니다.

길이를 길어지게 할 때는 '늘이다'를 쓰고, 양·시간·부피 등을 늘어나게 할 때는 '늘리다'를 쓴다고 기억하면 됩니다.

- 고무줄을 세게 잡아당겨 늘였어요.
- 씨름 선수는 몸무게를 늘리기 위해 음식을 많이 먹었어요.

맞춤법 퀴즈

※ 글을 잘 읽고 맞는 곳에는 O, 틀린 곳에는 X를 하세요.

- 새총에 설치된 고무줄을 길게 늘렸어요. (　　)
- 도서관에서 공부하는 시간을 더 늘려라. (　　)

정답: 늘쿠다 (X) → 늘구다 / 늘리다 (O)

다르다 vs 틀리다

'**다르다**'는 '비교되는 두 대상이 서로 같지 않다'는 뜻입니다.

'**틀리다**'는 '계산이나 사실이 맞지 않다'는 뜻입니다.

두 대상을 비교해서 모양, 특징 등이 서로 같지 않을 때는 '다르다'를 쓰고, 답이 맞지 않을 때나 옳고 그름을 따질 때는 '틀리다'를 씁니다.

- 나와 여동생은 성격도 다르고 얼굴도 달라요.
- 이런, 계산이 틀렸네. 이번 수학 문제는 많이 틀렸어요.

맞춤법 퀴즈

※ 글을 잘 읽고 맞는 곳에는 O, 틀린 곳에는 X를 하세요.

- 수학 시험에서 여러 문제를 틀렸어요. (   )
- 누나와 나는 성격이 많이 틀려요. (   )

다치다 vs 닫히다

'**다치다**'는 '부딪치거나 맞거나 하여 몸에 상처가 생긴 것, 마음에 손상을 끼친 것'을 뜻합니다.

'**닫히다**'는 '문, 뚜껑, 서랍 등 열려 있던 것이 원래대로 막히다'라는 뜻입니다.

- 지진으로 많은 사람들이 죽거나 다쳤어요.
- 서랍이 닫히지 않아서 애를 먹었어요.

맞춤법 퀴즈

※ 글을 잘 읽고 맞는 곳에는 O, 틀린 곳에는 X를 하세요.

- 교실에서 뛰다가 책상에 무릎을 닫혔어요. (　　)
- 바람이 불자 방문이 저절로 닫혔어요. (　　)

정답: (X) 근들어쫓아 → (O) 근들어쫓아 / 근들어쫓기

대 vs 데

'-대'는 '자신이 직접 경험한 사실이 아니라 남이 말한 내용을 전달할 때' 씁니다.

'-데'는 '자신이 직접 경험하거나 본 사실을 나중에 그대로 말할 때' 씁니다.

'-대'는 '~다고 해'로 바꾸어 쓸 수 있고, '-데'는 '~더라'로 바꾸어 쓸 수 있습니다.

· 새로 생긴 마트에서 아이스크림 할인 행사를 한대.
· 입맛이 없다더니 먹기만 잘하던데?

맞춤법 퀴즈

※ 글을 잘 읽고 맞는 곳에는 O, 틀린 곳에는 X를 하세요.

· 아까 네 동생 넘어져서 다쳤던데? (   )
· 놀이공원에서 내일까지 이벤트를 한대! (   )

대개 vs 대게

'**대개**'는 '대부분', '일반적인 경우에'라는 뜻입니다.

'**대게**'는 '바다에 사는 게 중 한 종류'를 말합니다.

두 낱말의 뜻이 전혀 다르지만 'ㅐ'와 'ㅔ' 발음이 헷갈려서 잘못 사용하는 경우가 있습니다. '대' 자 다음에 '게'가 있으면 집게가 있고, 옆으로 기는 바다 생물을 떠올리면 '대개'와 쉽게 구분할 수 있습니다.

- 엄마는 대개 겨울이 시작될 때쯤 김장을 담가요.
- 가족들과 맛있는 대게찜을 먹었어요.

맞춤법 퀴즈

※ 글을 잘 읽고 맞는 곳에는 O, 틀린 곳에는 X를 하세요.

- 이 요리는 대게 요리입니다. (   )
- 아이들은 대게 낯선 사람을 무서워합니다. (   )

던지 vs 든지

'-던지'는 '과거의 일을 떠올려 말할 때' 씁니다.

'-든지'는 '둘 이상의 일을 나열하거나, 여러 나열된 동작이나 상태, 대상들 중에서 어느 것이든 선택될 수 있음을 나타낼 때' 씁니다.

- 얼마나 배가 고프던지 손이 다 떨렸어요.
- 사과를 먹든지 배를 먹든지 알아서 해.

맞춤법 퀴즈

※ 글을 잘 읽고 맞는 곳에는 O, 틀린 곳에는 X를 하세요.

- 얼마나 춥던지 물통까지 꽁꽁 얼었어요. (   )
- 무엇을 하던지 네가 좋아하는 일을 해라. (   )

되 vs 돼

'**되**'는 '되다'에서 온 낱말로 뒤에 '다'나 '어'를 붙여서 '새로운 신분이나 지위를 가지다', '이루어지다', '다른 것으로 바뀌거나 변하다' 등의 뜻을 가집니다.

'**돼**'는 '되어'가 준말입니다. '되'가 '어'로 시작하는 말과 결합하지 않을 경우에는 '돼'로 줄지 않습니다.

· 잠을 푹 자면 되니 너무 걱정하지 않아도 돼.
· 엄마는 늘 착한 사람이 되라고 말씀하셨어요.

맞춤법 퀴즈

※ 글을 잘 읽고 맞는 곳에는 O, 틀린 곳에는 X를 하세요.

· 벌써 어두워졌는데 이제 집에 가도 되? (   )
· 밤늦게 혼자 돌아다니면 안 돼. (   )

드러내다 vs 들어내다

'드러내다'는 '드러나다'에서 온 낱말인데 '가려져 있거나 보이지 않던 것을 보이게 만들다', '알려지지 않은 사실을 밝히다'라는 뜻을 가지고 있습니다.

'들어내다'는 '물건을 들어서 밖으로 옮기다'라는 뜻입니다.

- 드디어 범인이 정체를 <u>드러냈습니다</u>.
- 방 안의 물건을 <u>들어내고</u> 청소를 시작했습니다.

맞춤법 퀴즈

※ 글을 잘 읽고 맞는 곳에는 O, 틀린 곳에는 X를 하세요.

- 행사가 끝나자 가면을 벗고 정체를 드러냈습니다. (　　)
- 떨어진 동전을 찾기 위해 책상을 드러냈습니다. (　　)

띄다 vs 띠다

'**띄다**'는 '뜨이다'를 줄인 말로, '눈에 보이다', '남보다 훨씬 두드러지다'라는 뜻입니다.

'**띠다**'는 '빛이나 색을 가지다', '어떤 성질을 가지다.'라는 뜻입니다.

· 일본은 눈에 띄는 대로 독립운동가들을 잡아들였습니다.
· 오늘 산 사과는 특이하게도 노란빛을 띠었습니다.

맞춤법 퀴즈

※ 글을 잘 읽고 맞는 곳에는 O, 틀린 곳에는 X를 하세요.

· 친구의 빨간 양말이 눈에 띠었어요. (   )
· 화단에 있는 장미꽃이 붉은빛을 띠었어요. (   )

로서 vs 로써

'**로서**'는 자격, 지위, 신분을 나타낼 때 씁니다.

'**로써**'는 수단, 재료, 도구, 방법을 나타낼 때 씁니다.

'로서'와 '로써'는 발음이 비슷하기 때문에 헷갈릴 수 있습니다. 보통 '로서' 앞에는 직위, 직업 등 사람과 관련된 내용이 나오는 경우가 많습니다. 간혹 물체가 지위를 갖는 경우에도 사용합니다.

- 친구로서 너에게 충고 한 마디 할게.
- 말로써 천 냥 빚도 갚는다고 하잖아.

맞춤법 퀴즈

※ 글을 잘 읽고 맞는 곳에는 O, 틀린 곳에는 X를 하세요.

- 내가 **친구로서** 너에게 조언 하나 할게. (　　)
- 싸우지 말고 **대화로서** 해결하자. (　　)

맞추다 vs 맞히다

'**맞추다**'는 '기준에 어긋나지 않게 조정하다', '서로 떨어져 있는 부분을 제자리에 맞게 대어 붙이다', '둘 이상의 대상을 서로 비교하다' 등의 뜻이 있습니다.

'**맞히다**'는 '맞다'에서 온 말로, '문제에 대한 답을 틀리지 않게 하다'라는 뜻입니다. 그래서 문제의 답을 알아내야 한다는 뜻일 때 '맞히다'를 씁니다.

- 이번 문제의 답을 <u>맞히는</u> 사람이 우승하게 됩니다!
- 얘들아, 답안지를 정답과 <u>맞추어</u> 보자!

맞춤법 퀴즈

※ 글을 잘 읽고 맞는 곳에는 O, 틀린 곳에는 X를 하세요.

- 뒤섞인 퍼즐 조각을 찾아 퍼즐을 맞추렴. (　　)
- 정신을 집중해서 수수께끼의 답을 맞추렴. (　　)

정답 : 맞혔다 (O) / 맞췄다 (X) → 맞혔다

매다 vs 메다

'**매다**'는 '끈이나 줄 같은 것으로 풀어지지 않게 마디를 만들다', '잇대어 묶다'는 뜻입니다.

'**메다**'는 '어깨에 걸치거나 올려놓는다'는 뜻도 있고, '감정이 북받쳐 목소리가 잘 나지 않는다'는 뜻도 있습니다.

- 신발 끈을 단단히 매어라!
- 가방을 어깨에 메어라.
- 나를 걱정하는 엄마의 목소리에 목이 메었어요.

맞춤법 퀴즈

※ 글을 잘 읽고 맞는 곳에는 O, 틀린 곳에는 X를 하세요.

- 달리기 전, 신발 끈을 꽉 메었어요. (   )
- 책이 가득 들어 있는 가방을 어깨에 메었어요. (   )

무치다 vs 묻히다

'**무치다**'는 '나물 같은 것에 양념을 넣고 골고루 섞는다'는 뜻입니다.

'**묻히다**'는 '묻다'에서 온 말인데 '흙이나 다른 물건 속에 넣어져 보이지 않게 덮이다'라는 뜻입니다. 또한 '가루, 풀, 물 따위를 다른 물체에 들러붙게 하거나 흔적을 남기다'라는 뜻입니다.

- 콩나물을 맛있게 무쳤어요.
- 많은 보물들이 땅속에 묻혀 있어요.

맞춤법 퀴즈

※ 글을 잘 읽고 맞는 곳에는 O, 틀린 곳에는 X를 하세요.

- 시금치를 팔팔 끓는 물에 데쳐 무쳤어요. (   )
- 동생이 내 공책에 물을 묻혔어요. (   )

바라다 vs 바래다

'**바라다**'는 '어떤 일이나 상태가 이루어지기를 바라다'라는 뜻입니다.

'**바래다**'는 '햇볕이나 습기로 인해 색이 변하다'라는 뜻입니다.

- 내가 바라는 대로 모두 이루어졌습니다.
- 흰옷이 누렇게 색이 바랬어요.

맞춤법 퀴즈

※ 글을 잘 읽고 맞는 곳에는 O, 틀린 곳에는 X를 하세요.

- 시험 결과가 좋기를 바래요. (   )
- 옥상에 두었던 종이가 누렇게 바랬어요. (   )

정답: 바래던 (X) → 바라던 / 바라였다 (O)

119

맞춤법 실력 다지기

1. 글을 잘 읽고 바른 맞춤법 표현에 ○를 하세요.

   ① 손가락으로 칠판을 (가르치다 / 가리키다).
   ② 고양이가 새끼를 (낫다 / 낳다).
   ③ 연필을 깎다가 손을 (다치다 / 닫히다).
   ④ 선풍기는 (대개 / 대게) 여름에 사용합니다.
   ⑤ 감이 붉은빛을 (띄다 / 띠다).

2. 글을 읽고 밑줄 친 부분 중 틀린 부분을 4개 골라 바르게 고쳐 써 보세요.

   > "내가 친구로써 하는 말인데, 너 1번 뺄셈 문제 그렇게 풀면 안 되."
   >
   > "무슨 소리야. 맞는 것 같은대?"
   >
   > "내 생각은 달라. 맞았는지 틀렸는지 책 뒤에 있는 정답과 맞혀 봐."

   ① (   ) → (   )

   ② (   ) → (   )

   ③ (   ) → (   )

   ④ (   ) → (   )

맞춤법을 다시 한 번 복습해 보세요.

3. 뜻풀이와 어울리는 낱말을 찾아 선으로 이어 보세요.

① 끈이나 줄 같은 것으로 풀어지지 않게 마디를 만들다.   •   •   매다

② 가려져 있거나 보이지 않던 것을 보이게 하다.   •   •   메다

③ 어깨에 걸치거나 올려놓다.   •   •   드러내다

④ 물건을 들어서 밖으로 옮기다.   •   •   들어내다

4. 맞춤법이 맞는 문장에는 ○, 틀린 문장에는 ×를 하세요.

① 장난감이 흙 속에 무치다. (   )

② 소원이 이루어지기를 바래요. (   )

③ 저 언덕 너머에 무엇이 있을까? (   )

1. ①가리키다 ②웃다 ③다르다 ④대개 ⑤맞다 2. ①묶에-묶다 ②입-는-신 ③매다-매 ④들어내다-들어내 3. ①매다 ②드러내다 ③메다 ④들어내다 4. ①× ②× ③○

바치다 vs 받치다

'**바치다**'는 '신이나 웃어른에게 정중하게 드리다'라는 뜻입니다.

'**받치다**'는 '물건의 밑이나 옆에 다른 물체를 대다'라는 뜻입니다.

- 사람들은 신전에 염소를 <u>바쳤어요</u>.
- 무너질 위험이 있는 곳은 철근 기둥으로 <u>받쳐</u> 놓았어요.

맞춤법 퀴즈

※ 글을 잘 읽고 맞는 곳에는 O, 틀린 곳에는 X를 하세요.

- 어버이날에 부모님께 카네이션을 <u>바쳤습니다</u>. (   )
- 쟁반에 짜장면 그릇을 <u>받치고</u> 조심조심 걸었습니다. (   )

반드시 vs 반듯이

'**반드시**'는 '틀림없이', '꼭'이라는 뜻입니다.

'**반듯이**'는 '비뚤어지거나 기울거나 굽지 아니하고 바르게'라는 뜻을 가지고 있습니다.

두 낱말의 소리가 비슷하게 들리기 때문에 헷갈릴 수 있습니다. '반드시'는 '무언가를 꼭 해내려고 할 때', '반듯이'는 '똑바르게 할 때'로 구분하면 쉽습니다.

- 이번 시험은 반드시 통과할 거예요.
- 병원 침대에 반듯이 누워 있었어요.

맞춤법 퀴즈

※ 글을 잘 읽고 맞는 곳에는 O, 틀린 곳에는 X를 하세요.
- 반듯이 이번 시험에서 100점을 맞겠습니다. (   )
- 허리를 쭉 펴고 반드시 의자에 앉았습니다. (   )

배다 vs 베다

'**배다**'는 '스며들거나 스며 나오다'라는 뜻, '배 속에 아이나 새끼를 가지다'라는 뜻입니다.

'**베다**'는 '날이 있는 물건으로 무언가를 끊다, 자르다, 상처를 내다'라는 뜻과 '누울 때 베개 같은 것을 머리 아래에 받치다'라는 뜻을 가지고 있습니다.

- 우리 집 강아지가 새끼를 배었어요.
- 사과를 깎다가 칼에 손을 베었어요.

맞춤법 퀴즈

※ 글을 잘 읽고 맞는 곳에는 O, 틀린 곳에는 X를 하세요.

- 삼겹살을 굽다 보니 옷에 냄새가 배었어요. (   )
- 나무꾼이 도끼로 나무를 배었어요. (   )

벌이다 vs 벌리다

'**벌이다**'는 '일을 계획하여 시작하거나 펼쳐 놓는다'는 뜻입니다.

'**벌리다**'는 '둘 사이를 넓히거나 멀게 하다', '일을 하여 돈이 얻어지거나 모이다'라는 뜻입니다.

- 생일잔치를 크게 벌인다고 자랑을 하였어요.
- 입을 크게 벌리고 하품을 하였어요.

맞춤법 퀴즈

※ 글을 잘 읽고 맞는 곳에는 O, 틀린 곳에는 X를 하세요.

- 온 동네 사람들이 모여서 잔치를 벌입니다. (   )
- 피자를 한입에 먹기 위해 입을 크게 벌립니다. (   )

붙이다 vs 부치다

'**붙이다**'는 '붙다'에서 온 낱말입니다. '맞닿아 떨어지지 않게 하다', '불을 일으켜 타게 하다'라는 뜻입니다.

'**부치다**'는 '편지나 물건 등을 상대에게 보내다'라는 뜻입니다.

- 벽에 <u>붙인</u> 그림을 떼어 불을 <u>붙였어요</u>.
- 엄마는 시골 할머니께 떡을 택배로 <u>부쳤어요</u>.

맞춤법 퀴즈

※ 글을 잘 읽고 맞는 곳에는 O, 틀린 곳에는 X를 하세요.

- 필통에 예쁜 스티커를 붙였어요. (   )
- 외국으로 간 친구에게 편지를 붙였어요. (   )

비치다 vs 비추다

'**비치다**'는 '빛이 나서 환하게 되다', '빛을 받아 모양이 나타나 보이다'라는 뜻입니다.

'**비추다**'는 '빛을 내는 대상이 다른 대상에 빛을 보내어 밝게 하다'라는 뜻입니다. 보통 '~을(를) 비추다'로 표현합니다.

- 어두운 동굴 속으로 햇빛이 비치었어요.
- 경찰은 도둑의 얼굴을 향해 손전등을 비추었어요.

맞춤법 퀴즈

※ 글을 잘 읽고 맞는 곳에는 O, 틀린 곳에는 X를 하세요.

- 어두운 구석을 향해 손전등을 비치었어요. (   )
- 구름 사이로 햇빛이 비치었어요. (   )

정답 : 비취어진다 (X) → 비치어진다 / 비쳐진다 (O)

빗다 vs 빚다

'빗다'는 '머리카락을 빗이나 손가락으로 가지런히 고르다'라는 뜻입니다.

'빚다'는 '흙을 이용해 어떤 형태를 만들다', '가루를 반죽하여 만두, 송편 등을 만들다'라는 뜻입니다.

- 세수를 한 뒤 빗으로 머리를 빗었어요.
- 쌀가루를 물에 반죽하여 송편을 빚었어요.

맞춤법 퀴즈

※ 글을 잘 읽고 맞는 곳에는 O, 틀린 곳에는 X를 하세요.

- 빗으로 머리를 단정하게 빚어요. (   )
- 부모님과 함께 만두를 빚어요. (   )

'**어떻게**'는 '어떠하게'가 줄어든 말입니다. '어떤 모양이나 형편으로', '어떤 이유로, 또는 무슨 까닭으로'라는 뜻을 가집니다.

'**어떡해**'는 '어떻게 해'가 줄어든 말입니다.

- 어떻게 불이 났는지 아니?
- 축구 선수가 다리를 다쳐서 어떡해.

맞춤법 퀴즈

※ 글을 잘 읽고 맞는 곳에는 O, 틀린 곳에는 X를 하세요.

- 방학 동안 어떻게 지냈니? (   )
- 책을 교실에 두고 나왔는데 어떡해? (   )

예요 vs 이에요

'**예요**'는 '이에요'가 줄어든 말입니다. 보통 앞에 받침이 없는 낱말이 올 때 붙여 씁니다.

'**이에요**'는 보통 앞에 받침이 있는 낱말이 올 때 붙여 씁니다.

- 지금 가장 먹고 싶은 음식은 햄버거예요.
- 우리 집에서 목소리가 제일 큰 사람은 동생이에요.

맞춤법 퀴즈

※ 글을 잘 읽고 맞는 곳에는 O, 틀린 곳에는 X를 하세요.

- 상자 안에 들어 있는 과일은 사과예요. (   )
- 이 필통은 내 마음이 담긴 선물이예요. (   )

잃다 vs 잊다

'**잃다**'는 '가졌던 물건이 자신도 모르게 없어져 그것을 가지지 못하게 되다'라는 뜻입니다.

'**잊다**'는 '알았던 것을 기억하지 못하다', '기억할 것을 한순간 미처 생각해 내지 못하다'라는 뜻입니다.

- 어머나, 지갑을 잃어버렸어요.
- 유치원 때 친구 이름을 잊어버렸어요.

맞춤법 퀴즈

※ 글을 잘 읽고 맞는 곳에는 O, 틀린 곳에는 X를 하세요.

- 가방에 두었던 지갑을 잊어버렸어요. (   )
- 지난 주에 공부한 내용을 모두 잊어버렸어요. (   )

정답 : 잃어버렸어 (X) → 잊어버렸어 / 잃어버렸어 (O)

이따가 vs 있다가

'**이따가**'는 '조금 지난 뒤에'라는 뜻입니다.

'**있다가**'는 '어느 곳에서 떠나지 않고 머무르다'라는 뜻입니다.

'**이따가**'는 시간과 관련된 표현이고, '**있다가**'는 장소와 관련된 표현이니 잘 구분해서 사용하여야 합니다.

- 잠시만 여기 앉아 <u>있다가</u> 가도 될까요?
- 케이크는 <u>이따가</u> 동생이 오면 같이 먹을게요.

맞춤법 퀴즈

※ 글을 잘 읽고 맞는 곳에는 O, 틀린 곳에는 X를 하세요.

- 친구야, 있다가 4시에 서점 앞에서 만나자. (   )
- 1시간 더 학교에 이따가 집으로 갔습니다. (   )

작다 vs 적다

'**작다**'는 '길이, 넓이, 부피 등이 비교 대상이나 보통 보다 덜하다'라는 뜻입니다.

'**적다**'는 '수나 양이 기준에 미치지 못하다'라는 뜻입니다.

'작다'의 반대말은 '크다'이고, '적다'의 반대말은 '많다'입니다. 헷갈릴 때는 이를 통해 두 낱말의 차이를 구분하면 됩니다.

- 키가 <u>작은</u> 사람들은 맨 앞줄에 섰어요.
- 비록 밥 양은 <u>적었지만</u> 감사한 마음으로 먹었어요.

맞춤법 퀴즈

※ 글을 잘 읽고 맞는 곳에는 O, 틀린 곳에는 X를 하세요.

- 동생은 나보다 키가 적어요. (   )
- 이번 달 용돈은 저번 달 용돈보다 적어요. (   )

쟁이 vs 장이

'-쟁이'는 '그것이 나타내는 속성을 많이 가진 사람', '어떤 일을 직업으로 하는 사람에게 붙이는 말'입니다.

'-장이'는 '기술을 가진 사람에게 붙이는 말'입니다.

보통 특정한 기술을 가진 사람인 장인을 말할 때 '-장이'를 붙이고, 그 외에는 '-쟁이'를 쓴다고 생각하면 됩니다.

- 관상쟁이는 어릴 때 무척 겁쟁이였대요.
- 대장장이와 땜장이가 서로 자신의 기술을 자랑했어요.

맞춤법 퀴즈

※ 글을 잘 읽고 맞는 곳에는 O, 틀린 곳에는 X를 하세요.
- 내 동생은 못 말리는 개구장이입니다. (   )
- 대장장이가 많은 농기구를 만들어 냈습니다. (   )

저리다 vs 절이다

'**저리다**'는 '뼈마디나 몸의 일부가 오랫동안 눌려서 피가 잘 통하지 못해 감각이 둔하고 아리다'라는 뜻입니다.

'**절이다**'는 '채소나 생선을 소금, 식초, 설탕 등에 담가 간이 배어들게 하다'라는 뜻입니다.

- 꽉 끼는 운동화를 신어서 발이 저려요.
- 엄마는 고등어를 소금에 절였어요.

맞춤법 퀴즈

※ 글을 잘 읽고 맞는 곳에는 O, 틀린 곳에는 X를 하세요.

- 무릎을 꿇고 앉아 있었더니 다리가 저려요. (   )
- 김장을 하려고 배추를 소금에 저려요. (   )

조리다 vs 졸이다

'**조리다**'는 '양념을 한 고기나 생선, 채소 등을 국물에 넣고 바짝 끓여서 양념이 배어들게 하다'라는 뜻입니다.

'**졸이다**'는 '물을 증발시켜 분량을 적어지게 하다', 또는 '속을 태우다시피 초조해하다'라는 뜻입니다.

'**조리다**'는 '재료에 양념이 배어들게 하다'로, '**졸이다**'는 '열로 물을 증발시켜 진하게 만들다'로 구분하세요.

- 감자를 간장에 조렸어요.
- 찌개를 너무 졸이면 맛이 짜져요.

맞춤법 퀴즈

※ 글을 잘 읽고 맞는 곳에는 O, 틀린 곳에는 X를 하세요.

- 두부에 양념이 잘 스며들도록 조리세요. (   )
- 국물 맛이 진해지도록 오랜 시간 졸이세요. (   )

짓다 vs 짖다

'**짓다**'는 '재료를 이용해 밥, 옷, 집 등을 만들다', '시, 소설, 노래 가사 등의 글을 쓰다'라는 뜻입니다.

'**짖다**'는 '개가 목청으로 소리를 내다', '까치나 까마귀가 시끄럽게 울어서 지저귀다'라는 뜻입니다.

- 밥 짓는 냄새가 진동을 했어요.
- 까치가 깍깍 짖자, 강아지도 멍멍 짖었어요.

맞춤법 퀴즈

※ 글을 잘 읽고 맞는 곳에는 O, 틀린 곳에는 X를 하세요.

- 아침 일찍 일어나서 밥을 짓고 있어요. (   )
- 옆집 강아지가 나를 보고 짓어요. (   )

채 vs 체

'**채**'는 '이미 있는 상태 그대로 있다'라는 뜻입니다.

'**체**'는 '그럴듯하게 꾸미는 거짓 태도나 모양'이라는 뜻입니다.

발음이 비슷해서 헷갈릴 수 있는데, '채'는 '~한 상태'로, '체'는 '~한 척'으로 구분하면 됩니다.

- 방문을 열어놓은 채 외출을 하였어요.
- 너는 아무것도 모르면서 왜 아는 체를 하니?

맞춤법 퀴즈

※ 글을 잘 읽고 맞는 곳에는 O, 틀린 곳에는 X를 하세요.

- 숙제가 무엇인지 모른 체 학교에 갔습니다. (   )
- 친구가 바쁜 체를 하며 달려갔습니다. (   )

정답: 체 (X) → 채 / 채를 (O)

켜다 vs 키다

'**켜다**'는 '불을 붙이거나 일으키다', '전기 제품을 작동시키다', '몸을 펴다' 등의 뜻을 가지고 있습니다.

'**키다**'는 '켜이다'의 준말입니다. '갈증이 나서 물을 자꾸 마시게 되다'라는 뜻입니다.

- 불을 <u>켜는</u> 순간 바퀴벌레들이 달아나기 시작했어요.
- 짜게 먹었더니 물이 자꾸 <u>키네요</u>.

맞춤법 퀴즈

※ 글을 잘 읽고 맞는 곳에는 O, 틀린 곳에는 X를 하세요.

- 어두운 방에 들어서자마자 형광등을 켰어요. (   )
- 땀을 많이 흘렸더니 물이 자꾸 켜요. (   )

맞춤법 실력 다지기

1. 글을 잘 읽고 바른 맞춤법 표현에 ○를 하세요.

   ① 임금님께 선물을 (바치다 / 받치다).
   ② 위험한 일을 (벌이다 / 벌리다).
   ③ 손전등으로 어두운 구석을 (비치다 / 비추다).
   ④ 내 동생은 (개구장이 / 개구쟁이)입니다.
   ⑤ 저는 이 학교에 다니는 학생(예요 / 이에요).

2. 글을 읽고 밑줄 친 부분 중 틀린 부분을 3개 골라 바르게 고쳐 써 보세요.

   "나 어떡해! 지갑을 잊어버렸어. 가방을 연 채로 다녔나 봐."
   현지가 울상을 지으며 말하자 윤호가 달래주었습니다.
   "내가 반듯이 찾아줄게. 지갑 크기가 작아?"
   "응, 내 손바닥만 해. 정말 고마워."

   ① (   ) → (   )

   ② (   ) → (   )

   ③ (   ) → (   )

맞춤법을 다시 한 번 복습해 보세요.

3. 뜻풀이와 어울리는 낱말을 찾아 선으로 이어 보세요.

① 맞닿아 떨어지지 않게 하다 •   • 배다

② 스며들거나 스며 나오다,
   배 속에 아이를 가지다.   •   • 베다

③ 편지나 물건 등을 상대에게 보내다 •   • 붙이다

④ 누울 때 베개 같은 것을 머리 아래에
   받치다, 날이 있는 물건으로 자르다. • • 부치다

4. 맞춤법이 맞는 문장에는 ○, 틀린 문장에는 ×를 하세요.

① 도서관에 더 있다가 학원에 가자. (   )

② 시험 결과를 기다리며 마음을 조리다. (   )

③ 국어 시간에 시를 짓다. (   )

④ 배추를 절이고 나서 무도 절였더니 팔이 저리다. (   )

1. ①바짜다 ②웅이다 ③가풀스 ④개구쟁이 ⑤이에요 2. ①알아내었어→울어버렸어 ②차~게
③라든이→라든지, ①폴이다, ②배다, ③부치다, ④배다 3. ①①① ②× ③① ④○

던지
갯수
쟁이
겨우내
깍다
눈곱
베개
갈께
방구
가려고
몇 일
곰곰이
남녀
돌멩이
바램
바람
대게
데
배개
돼
든지
낫다
무릎쓰다
매다
무치다
빨간색
통째
틀리다
설거지
띠다
되
가르치다
눈곱
쩨쩨하다
저리다
핑계
붙이다
로써
켜다
방귀
남여
요세
채
트름
역활
바라다
통채
곰곰히
왠지
드러내다
째째하다
베다
켜다
요새
묻히다
웬지
배다
오랜만
늘이다
맞히다
설겆이
빗다
메다
바래다
어떻게
짓궂다
수수께끼
돌맹이
짖궂다
받치다
깎다
졸이다
로써
장이
비추다
데
잇다
치르다
며칠
안쓰럽다
적다
짖다
체
바램
벌이다
수수깨끼
무릅쓰다
짜투리
잃다
오랫만
창피
바치다
데
눈곱
눈꼽
있다가
갈께
이에요
짓다
베개
들어내다
어떡해
개수
쑥쓰럽다
책꽂이
자투리
대
되
돼
요새
핑개
로서
낫다
띠다
으스스
넘어
대개
설거지
메다
다르다
반드시
으시시
갈게
매다
켜다
장이
찌개
역할
체
낫다
데
왠지
하마터면
이따가
겨울내
갈려고
키다
예요
다치다
짓다
매다
비치다
찌게
맞추다
쟁이
띄다
작다
빗다
역활
트름
조리다
바람
낫다
갯수
몇 일
통채
적다